DÉPOT LÉGAL
1843
74

SCARRONIANA.

Recueil de Bons Mots,

TRAITS PLAISANTS,

pensées ingénieuses, saillies spirituelles,

aventures, etc.,

DE PAUL SCARRON,

précédé d'une notice sur la vie
de ce poëte burlesque.

27
Ln
1855
18642

Ce petit volume et tous ceux de la
même collection, se trouvent à *Paris*,
chez DELARUE, Libraire-Éditeur, quai
des Augustins, 11 ; et à *Lille*, chez
BLOCQUEL-CASTIAUX.

Lille. — Typ. de Blocquel.

NOTICE

sur Paul SCARRON.

Paul **SCARRON**, fils d'un conseiller au parlement, d'une famille ancienne de robe, naquit à Paris à la fin de 1610 ou au commencement de 1611. Il était dans d'assez heureuses conjonctures pour espérer une vie très-agréable et très-différente de celle à laquelle il fut réduit : fils d'un conseiller au parlement qui avait plus de vingt mille livres de rente, il n'avait que deux sœurs *Anne* et *Françoise*, avec qui il devait un jour partager la succession tant paternelle que maternelle. Mais ces apparences de bonheur ne tardèrent pas à se démentir : le premier coup que lui porta la fortune , ce fut la mort de sa mère. Son père , lassé du veuvage , se maria en secondes nôces. Il eut de ce second mariage trois autres enfants. Cette dernière femme commença de bonne heure à travailler pour ses enfants , au préjudice de ceux du premier lit. Scarron ne put dissimuler , il s'attira la haine de sa belle-mère. Le père , fatigué des plaintes continuelles de l'un et de l'autre , sacrifia son fils à la paix de la maison. Il l'envoya à Charleville , chez un parent. Un exil de deux ans ayant un peu adouci l'amertume de la belle-mère , le jeune Scarron revint à Paris, où il acheva ses études , et prit le petit collet.

Dans cette dernière ville , il se livra à la plus grande dissipation. A l'âge de vingt-quatre ans , il fit le voyage d'Italie.

De retour à Paris , il continua la même vie ; mais des maladies longues et douloureuses l'avertirent de l'affaiblissement de sa complexion. Enfin , une partie de plaisir lui ôta subitement, à l'âge de vingt-sept ans , ces *jambes qui avaient bien dansé* , *ces mains qui avaient su peindre et jouer du luth*. Il était allé passer , en 1638 , le carnaval au Mans , où il avait une prébende de chanoine. Un jour, s'étant masqué en sauvage , cette singularité le fit poursuivre par tous les enfants de la ville. Obligé de se réfugier dans un marais , un froid glaçant pénétra ses veines , une lymphe âcre se jeta sur ses nerfs , et le rendit un raccourci de la misère humaine.

Il fut envoyé par son médecin aux eaux de Bourbon. Il n'y gagna guère pour sa santé , mais il y fit des connaissances honorables , à la tête desquelles était le duc de Longueville, qui lui montra de la sensibilité pour son état. A son retour, Scarron fit une description de ce qu'il avait vu ; il l'intitula *la Légende de Bourbon*, et l'adressa à Mademoiselle de Hautefort, l'une des filles de la reine. Cette demoiselle de Hautefort ne se contenta pas des éloges qu'elle donnait à notre poète en échange du soin qu'il prenait de la célébrer, elle parla de lui à la reine, et lui donna la curiosité de le voir : ce qui produisit dans la suite un bon effet. Elle ne perdit aucune occasion de le servir, et lui procura par la suite des faveurs qu'il n'eût jamais obtenues.

Son père, à cette époque, tomba dans la disgrâce du cardinal de Richelieu pour avoir combattu un édit dont la cour demandait l'enregistrement. Ce qui détermina notre poète à retourner à Bourbon, tant pour l'adoucissement de ses maux que parce qu'il se flattait d'y faire quelque connaissance qui pourrait l'aider à la cour, soit à travailler au rétablissement de son père, soit à obtenir quelque faveur qui le dédommageât un peu du dérangement de sa fortune. Il en prit l'occasion de faire une requête à la reine, pour lui demander une litière qui le pût porter. Elle commence ainsi :

Plaise à la reine, ma maîtresse....

Il fit alors sa *seconde Légende de Bourbon*. La première est de 1641 ; la seconde est de 1642 La cadette produisit le même effet que son aînée, et augmenta la réputation de son auteur. Les courtisans se firent un plaisir de le connaître. Quand il vit une partie de la cour dans ses intérêts, il jugea qu'il était temps de hasarder une requête au cardinal, qui avait à se plaindre de son père, et qui conservait contre lui un fort ressentiment. Cette requête est un des chefs-d'œuvre de Scarron. Richelieu se la fit lire, et ne put s'empêcher d'avouer qu'il la trouvait à son gré, et qu'elle était *plaisamment datée*. Voici cette date :

Fait à Paris, ce dernier jour d'octobre,
Par moi, Scarron, qui, malgré moi, suis sobre,
L'an que l'on prit le fameux Perpignan,
Et sans canon la ville de Sedan....

Il lui adressa ensuite une ode, à laquelle il donna le titre de remerciement ; ses soins n'auraient pas été inutiles, si Richelieu eût vécu ; mais il mourut sur ces entrefaites, et toutes les espérances du père et du fils s'évanouirent.

Afin que le rétablissement du conseiller passât plus facilement au sceau, Scarron avait eu la précaution, peu de temps auparavant, de cajoler le chancelier Séguier par une fort plaisante épître, qui fit un très-bon effet.

N'ayant plus d'espérance dans la bonne volonté du ministère, il s'adressa directement au roi par une requête qui commence ainsi :

Grand monarque, chez qui mesdames les vertus
Ont choisi leur demeure,
Je suis un cul de jatte, à qui membres tortus
Font grand mal à toute heure.

Gai en dépit des souffrances, il attira chez lui par ses plaisanteries les personnes les plus aimables et les plus ingénieuses de la cour et de la ville.

La perte de sa santé fut suivie de celle de sa fortune. Son père mourut. Cette mort devait donner à Scarron un revenu capable de le mettre fort à son aise. Mais la chicane s'en mêla : les procès commencèrent. On ne peut lire de sang-froid les factums qu'il présenta au parlement au sujet de cette affaire : le burlesque y domine à tel point, qu'on a de la peine à comprendre comment il put bouffonner si plaisamment sur un procès où il s'agissait de tout son bien. Il ne nous en reste que deux, qui sont insérés dans ses œuvres complètes.

Mademoiselle de Hautefort, son amie, fut sensible à ses malheurs. Le poète demanda la permission à la reine d'être son *malade* en titre d'office. Cette princesse lui accorda sa demande. Il tâcha de se rendre utile en cette qualité. Il loua Mazarin, qui lui donna une pension de cinq cents écus ; mais ce ministre ayant reçu dédaigneusement la dédicace de son *Typhon*, le poète lança contre lui la *Mazarinade*, et la pension fut supprimée.

Ce fut en 1746 , qu'étant au Mans , des comédiens qui y étaient alors lui firent naître l'idée de son *Roman comique*, le seul de ses ouvrages qui , au jugement de Ménage , passera à la postérité.

Il s'attacha alors au prince de Condé , dont il célébra les victoires ; et au coadjuteur de Paris , auquel il dédia la première partie du *Roman Comique*.

Son mariage avec mademoiselle d'Aubigné , en 1651 , vint augmenter ses plaisirs sans augmenter sa fortune. La bonne compagnie n'en fut que plus ardente à se rassembler chez lui ; mais elle changea de ton. Scarron réforma ses saillies indécentes , et peu à peu la société s'habitua à une bienséance , qui , sans bannir la gaîté excessive du maître de la maison, en adoucissait les traits.

Cependant , Scarron vivait avec si peu d'économie , qu'il fut bientôt réduit à quelques rentes viagères et au revenu de ses livres.

Il demandait des gratifications avec l'effronterie d'un poète burlesque, et la bassesse d'un cul de jatte. On a de lui des requêtes en vers, des placets, des odes, des madrigaux, etc., etc., où le refrain principal est toujours de l'argent.

Le Virgile travesti est un des plus importants et des plus célèbres ouvrages de notre auteur. Un auteur italien, nommé *Lalli*, eut autrefois la même idée de mettre l'Enéide en burlesque ; mais c'est tout ce que ces deux ouvrages ont ensemble de commun. Il se peut faire que quelqu'un ayant dit chez Scarron qu'il y avait en italien un ouvrage de cette nature, cela lui ait fait naître la pensée de masquer ainsi son Virgile, et de s'en faire un petit revenu. Son but était d'en donner un livre tous les mois. Il lui aurait beaucoup valu, s'il eût pu tenir parole.

Don Japhet d'Arménie, comédie en cinq actes, qu'il fit en trois semaines, parut en 1653 ; et deux ans après, on joua au théâtre du Marais l'*Ecolier de Salamanque*.

Ce fut en 1651 et 1652, que se fit le déchaînement général de tous les beaux esprits de Paris contre le pédant Montmort. Scarron ne fut pas le dernier à fournir sa part des satires que l'on rassemblait pour déshonorer ce professeur ; il fit *la requête de Montmort* au président : cela fut suivi d'un sonnet et d'une épigramme contre ce même homme, qu'il appelait *Faimmort*, nom digne d'un parasite méprisé partout.

Il s'attacha à Fouquet, procureur-général, qui le gratifia d'une pension et de mille écus en sus pour le libérer de ses dettes.

Ses infirmités augmentant de jour en jour, il rendit le dernier soupir en octobre 1660, âgé de cinquante et un ans.

Parmi le nombre des ouvrages qui sont sortis de la plume burlesque de cet auteur, ceux qui peuvent encore plaire sont :

1.° Son Roman Comique :

2.° Quelques morceaux de son Virgile travesti.

3.° Deux ou trois nouvelles galantes et tragi-comiques.

4.° Quelques épîtres, plusieurs sonnets, et un petit nombre d'épigrammes et d'épitaphes, avec cinq ou six pièces fugitives.

Portrait de Scarron,

Au lecteur qui ne m'a jamais vu.

Lecteur, qui ne m'as jamais vu, et qui peut-être ne t'en soucies guère, à cause qu'il n'y a pas beaucoup à profiter à la vue d'une personne faite comme moi, sache que je ne me soucierais pas aussi que tu me visses, si je n'avais appris que quelques beaux esprits facétieux se réjouissent aux dépens du misérable, et me dépeignent autrement que je suis fait.

Les uns disent que je suis cul de jatte ; les autres que je n'ai point de cuisses, et que l'on me met sur une table dans un étui, où je cause comme une pie borgne ; et les autres que mon chapeau tient dans une corde qui passe dans une poulie, et que je le hausse et le baisse pour saluer ceux qui me visitent. Je pense être obligé en conscience de les empêcher de mentir plus longtemps.

Tu murmureras sans doute ; car tout lecteur murmure, et je murmure comme les autres quand je suis lecteur. Tu murmureras, dis-je, et tu trouveras à redire de ce que je ne me montre que par le dos. Certes, ce n'est pas tourner le dos à la compagnie, mais seulement c'est que le convexe de mon dos est plus propre à recevoir une inscription que le concave de mon estomac, qui est toujours couvert de ma tête penchante, et que, par ce côté là , aussi bien que par l'autre , on peut voir la situation , ou plutôt le plan irrégulier de ma personne.

Sans prétendre faire un présent au public (car pour mesdames les neuf muses je n'ai jamais espéré que ma tête devînt l'original d'une médaille) , je me serais bien fait peindre , si quelque peintre avait osé l'entreprendre. Au défaut de la peinture , je m'en vais te dire à peu près comme je suis.

J'ai trente ans passés , comme tu vois au dos de ma chaise. Si je vais jusqu'à quarante , j'ajouterai bien des maux à ceux que j'ai déjà soufferts depuis huit ou neuf ans. J'ai eu la taille bien faite , quoique petite. Ma maladie l'a raccourcie d'un bon pied ; ma tête est un peu grosse pour ma taille. J'ai le visage assez plein , pour avoir le corps très-décharné ; des cheveux

Scarr.   2

assez pour ne point porter perruque , j'en ai beaucoup de blancs, en dépit du proverbe. J'ai la vue assez bonne , quoique les yeux gros ; je les ai bleus ; j'en ai un plus enfoncé que l'autre du côté que je penche la tête. J'ai le nez d'assez bonne prise ; mes dents autrefois perles carrées, sont de couleur de bois , et seront bientôt de couleur d'ardoise. J'en ai perdu une et demie du côté gauche , et deux et demie du côté droit , et deux un peu égrenées. Mes jambes et mes cuisses ont fait premièrement un angle obtus , et puis un angle égal , et enfin un aigu Mes cuisses et mon corps en font un autre , et ma tête se penchant sur mon estomac , je ne ressemble pas mal à un Z. J'ai les bras raccourcis aussi bien que les jambes, et les doigts aussi bien que les bras. Enfin je suis un raccourci de la misère humaine. Voilà à peu près comme je suis fait. Puisque je suis en si beau chemin , je vais t'apprendre quelque chose de mon humeur.

J'ai toujours été un peu colère , un peu gourmand et un peu paresseux. J'appelle souvent mon valet *sot* , et un peu après *monsieur*. Je ne hais personne ; Dieu veuille qu'on me traite de même ! Je suis bien aise quand j'ai de l'argent , et serais encore plus aise si j'avais la santé. Je me réjouis assez en compagnie. Je suis assez content quand je suis seul. Je supporte mes maux assez patiemment ; mais il me semble que ce portrait est assez long , et qu'il est temps que je le finisse.

SCARRONIANA.

Voici comme *Scarron* fit la connaissance de mademoiselle d'Aubigné :

Madame de Neuillant amène fortuitement mademoiselle d'Aubigné chez *Scarron*, comme pouvant lui donner des renseignements sur la Martinique, où il désire passer, et cette entrevue devient l'occasion de plusieurs visites qui se succèdent jusqu'au moment où l'on parle de mariage.

Mais ce qui n'était point l'effet du hasard, ce fut de voir une jeune demoiselle, pleine d'agréments et d'esprit, ne pas s'ef-

frayer à la vue du personnage le plus grotesque pour la figure et pour le génie.

Aussi n'osa-t-il qu'en tremblant déclarer
son dessein : il prit occasion des mauvais
traitements qu'essuyait mademoiselle d'Aubigné , chez madame de Neuillant , pour
lui parler en secret.

« Je gémis beaucoup , lui dit-il , sur le
» tort que vous fait la fortune , et sur les
» duretés que vous éprouvez journelle-
» ment. Que deviendrez-vous si la suite
» de vos malheurs vous enlève celle chez
» qui vous demeurez, et qui , toute revê-
» che qu'elle est , vous conserve dans sa
» maison? une demoiselle n'a d'autre res-
» source que le couvent ou le mariage.
» Voulez-vous être religieuse? je payerai
» votre dot. Aimez-vous mieux un éta-
» blissement? je n'ai à vous offrir qu'une
» très-laide figure , et qu'une fortune ex-
» cessivement bornée. »

Scarron, par sa qualité de *malade de la reine*, de laquelle il prétendait être offi- cier, crut que cette charge de nouvelle création devait lui procurer un logement à la cour. Il le demanda, la reine ne le re- fusa pas ; mais ce fut plutôt une espérance donnée qu'un consentement formel. *Scar- ron* crut avoir obtenu sa demande, et fit un remerciement qui fut imprimé. Il se flattait qu'en le publiant, il faisait à la rei- ne une espèce d'engagement qui l'obli- geait à réaliser cette grace. Cependant, le logement ne se donnait point ; il en com- posa les stances suivantes, en forme de requête :

Scarron, par la grace de Dieu,
Malade indigne de la reine,
Homme n'ayant ni feu ni lieu,
Mais bien du mal et de la peine,
Hôpital allant et venant,

Sur jambes d'autrui cheminant,
Des siennes n'ayant plus l'usage,
Souffrant beaucoup, dormant bien peu,
Et pourtant faisant par courage
Bonne mine et fort mauvais jeu,

Prie humblement sa majesté
De se remettre en sa mémoire
Qu'au commencement de l'été,
Alors que la cour (*) devint noire,
Il fut son malade avoué,
Dont le tout-puissant soit loué;
Qu'on lui donna quelque espérance
D'avoir un petit logement;
Et tout aussitôt, par avance,
Qu'il en fit un remercîment.

Ce remercîment imprimé
Chez Toussaint Quinet, le libraire,

____

(*) La cour était alors en deuil.

Devait bien être supprimé :
Mais quelque effort qu'il ait pu faire,
Par tout Paris il a couru :
Chacun l'a dit, chacun l'a cru ;
A force de l'entendre dire,
Il le croit lui-même quasi ;
Vous-même, ô reine qu'il admire !
Ne le croyez-vous point aussi ?

Grande reine, n'en croyez rien ;
C'est croire faux comme hérésie.
Hélas ! il s'en aperçoit bien,
Dont vainement il se soucie.
Chaque quartier, maître Arragon
Prend son argent comme un dragon.
Je suis malade de la reine,
S'écrie-t-il tout rechigné ;
Mais il veut avoir la main pleine
Tout aussitôt qu'il a signé.

Cependant ce malade exerce

Sa charge avec intégrité ;
Pour servir votre majesté ,
Depuis peu l'os la peau lui perce :
Tous les jours s'accroît son tourment,
Mais il le souffre gaîment ;
Il fait sa gloire de sa peine ,
Et l'on peut jurer sûrement
Qu'aucun officier de la reine
Ne la sert si fidèlement.

Malgré tout cela , le logement ne fut point accordé , et *Scarron* en fut pour son remerciement et sa requête ; mais il en fut dédommagé par une gratification qui fut depuis convertie en pension, qui ne lui fut payé que pendant cinq ans.

—— *Scarron* fut un jour surpris d'un hoquet si violent , que ceux qui étaient auprès de lui craignirent qu'il n'expirât ; cependant ce symptôme diminua Le fort du mal étant passé : *si jamais*, dit-il *; j'en reviens, je ferai une satire contre le hoquet.* Ses amis s'attendaient à toute autre résolution que celle-là ; mais il fut dispensé de tenir parole : il ne revint point de cette maladie, et le public a perdu la satire qu'il se proposait de composer.

———

Peu d'instants avant que de mourir, comme ses parents et ses domestiques, touchés de son état, fondaient en larmes, il ne s'attendrit point de ce spectacle, comme mille autres feraient en pareil cas. *Mes enfants*, leur dit-il, *vous ne pleurerez jamais tant que je vous ai fait rire.*

———

Balzac a dit de *Scarron* : « Qu'il avait
» été plus loin dans ses maux que les stoï-
» ciens qui se contentaient de paraître

» insensibles dans les douleurs , au lieu
» que *Scarron* était gai , et divertissait
» tout le monde dans ses souffrances. »

Quelques jours avant son mariage avec mademoiselle d'Aubigné , il dit à un de ses amis : «.Je ne ferai pas faire des sottises à ma femme ; mais je lui en apprendrai beaucoup. » Il n'avait alors de mouvement libre que celui des yeux, de la langue et de la main.

Scarron avait fait donation à ses parents du peu de bien qu'il avait ; mais ses parents le lui rendirent. Il le vendit à M. Nublé , qui lui en donna six mille écus, sans savoir précisément ce qu'il valait ; et *Scarron* fut content du marché. Nublé visita ce bien qui était auprès d'Amboise , et à son retour à Paris , étant allé voir no-

tre poète, il lui dit : « Vous avez cru que
» votre domaine ne valait que dix-huit
» mille livres, il en vaut vingt-quatre
» mille par l'estimation que j'en ai fait
» faire. » Et M. Nublé l'obligea encore de
prendre deux mille écus qu'il lui donna
pour achever cette somme (*).

Lorsqu'il fut question de dresser le con-
trat de mariage, *Scarron* dit qu'il recon-
naissait à l'accordée deux grands yeux
fort mutins, un très-beau corsage, une
paire de belles mains, et beaucoup d'esprit. Le notaire demanda quel douaire il
lui assurait : « L'immortalité, répondit
» *Scarron* : le nom des femmes des rois

(*) Il se rencontre aujourd'hui peu de
M. Nublé : on se pique d'avoir de l'argent;
mais pour de la délicatesse c'est une chose
qui ne peut servir et n'est bonne à rien.

» meurt avec elles , celui de la femme de
» *Scarron* vivra éternellement. »

—————

Scarron était railleur ; mais il souffrait impatiemment qu'on le raillât. Madaillan , un de ses amis , voulant se divertir par une farce de sa façon , écrivit à *Scarron* sous le nom d'une demoiselle. On supposait une personne qui , charmée de son esprit , souhaitait passionnément de l'entretenir ; mais elle avait , disait-elle , une répugnance invincible à aller chez lui. Ce fut à cette occasion que le malade composa *l'épître à une dame inconnue.* Elle commence ainsi :

Vous voyez , ô dame inconnue ! etc.

Après plusieurs lettres qui ne furent point sans réponse , la prétendue demoiselle feignit enfin de donner un rendez-vous à *Scarron* au faubourg Saint-Germain. *Scarron*, qui avait la tête échauffée de la lecture des romans espagnols, qui sont pleins de ces sortes d'aventures, goba l'hameçon fort aisément. Il s'adonisa de son mieux, et se fit porter du fond du Marais, où il demeurait, au lieu qui lui était indiqué ; mais il n'y trouva personne. Il rentrait à peine chez lui, qu'il reçut un billet, où la demoiselle s'excusait fort sur un obstacle qui ne lui avait pas permis de tenir parole. Cette lettre fut suivie de deux ou trois rendez-vous, où le pauvre *Scarron* se trouva avec le même succès. Enfin il ouvrit les yeux, et s'aperçut qu'on le jouait. Pour comble de mortification, il apprit, je ne sais comment, que Madaillan lui avait fait cette malice. Il ne put la lui pardonner, et ne parla jamais de lui qu'avec de grosses injures.

Mademoiselle de Hautefort, dame de compagnie de la reine Anne d'Autriche, mère de Louis XIV, fut une des personnes qui s'intéressèrent le plus vivement au sort de *Scarron*. Cette généreuse amie fit si bien, que la reine, dont elle excitait sans cesse la curiosité pour lui, prit enfin jour pour le voir. L'abbé *Scarron* fut porté chez la reine, et introduit par mademoiselle de Hautefort, qu'il appelle *son bon ange* en cette occasion. On a un détail de cette entrevue dans l'épître qui commence par ce vers :

J'ai beau faire du quant à moi....

Il avoue qu'il fut démonté quand il se vit dans le cabinet de la reine, et qu'il eut besoin d'être rassuré par la demoiselle qui l'introduisait. Il demanda à la reine la permission d'être son malade en titre d'office. Elle sourit, et lui accorda ce qu'il désirait. C'est dans cette pièce qu'il a mis ces quatre vers :

Elle avait-au bout de ses manches
Une paire de mains si blanches,
Que je voudrais, en vérité,
En avoir été souffleté.

Scarron prend occasion dans cette épî-tre de badiner sur le nom d'*abbé* qu'on lui donnait gratuitement. Il déclare qu'il n'a aucun bénéfice, quoiqu'il porte l'habit ec-clésiastique depuis quatorze ans et demi. Il fait donner un avis à la reine, savoir, qu'elle peut empêcher les gens de mentir lorsqu'ils l'appellent M. l'*abbé*. C'était de-mander joliment quelque abbaye. La reine ne se pressant pas de lui en accorder une, il lui adressa ces vers en forme d'avis :

Aimable mère de mon roi,

Scarr.   3

Princesse en vertus admirable,
Par qui mon destin misérable
Sera changé, comme je crois,
Si l'honneur de votre service
Me fait avoir un bénéfice,
Je ferai voir en un moment,
Sans me rompre beaucoup la tête,
Que qui sait faire une requête,
Sait bien faire un remercîment.

Un des prétextes que l'on employa pour le refuser, fut que son état ne lui permettait aucun service. « Je me borne répliquait-il, à quelque bénéfice simple. » Ce fut à cette occasion qu'il dit qu'il voudrait avoir *un bénéfice si simple, si simple, qu'il ne fallût que croire en Dieu pour le desservir.*

———

Lorsque la reine Christine vint à Paris, elle désira voir *Scarron*; Ménage le lui

présenta: « Je vous permets , lui dit cette
» princesse , d'être amoureux de moi : la
» reine de France vous a fait son malade ;
» moi, je vous crée mon Roland. » *Vous
faites bien*, *madame*, lui répondit le poète,
de me donner ce titre, *puisqu'autrement je
l'aurais pris.* Christine, en voyant madame
Scarron , dont la beauté était alors dans
tout son éclat, dit à la comtesse de Brégy:
« Ne le savais-je pas qu'il ne fallait pas
» moins qu'une reine de Suède pour ren-
» dre un homme infidèle à cette femme-
» là ? » Elle ordonna au mari de lui écrire, et lui dit qu'elle n'était pas surprise
qu'avec la plus aimable femme de Paris
il fût, malgré ses maux, l'homme de
Paris le plus gai.

Scarron dit que la plus ancienne de toutes les plaintes est celles des poètes sur

le malheur du temps et l'ingratitude du
siècle.

———

Dans sa dédicace de *Dom Japhet d'Arménie*, Scarron parle ainsi au roi : « Je
» tâcherai de persuader à votre majesté
» qu'elle ne se ferait pas grand tort si
» elles me faisait un peu de bien, je se-
» rais plus gai que je ne suis : si j'étais
» plus gai que je ne suis, je ferais des
» comédies enjouées : si je faisais des
» comédies enjouées, votre majesté en
» serait divertie : si elle en était divertie,
» son argent ne serait pas perdu. Tout
» cela conclut si nécessairement, qu'il
» me semble que j'en serais persuadé si
» j'étais aussi bien un grand roi comme je
» ne suis qu'un pauvre malheureux. »

———

Quelques mois après son mariage, *Scar-*

ron racontait à un de ses amis les mesures qu'il avait prises pour arranger ses petites affaires. Segrais, qui était de la compagnie, lui dit que ce n'était pas assez que de s'être marié, qu'il fallait au moins avoir un enfant; et là-dessus il lui demanda s'il croyait être en état de le faire. *Est-ce*, lui répondit-il en souriant, *que vous prétendez me faire ce plaisir-là? J'ai ici*, ajouta-t-il, *Maugin qui me fera cet office à point nommé.* Ce Maugin était son valet de chambre, bon garçon, et qui était fait à son badinage. *Maugin*, lui dit-il en présence de la compagnie, *ne feras-tu pas bien un enfant à ma femme?* Maugin lui répondit avec un air de simplicité : *Oui-dà, monsieur, s'il plaît à Dieu.* Cette scène fit rire ceux qui étaient présents, et Scarron la trouva si plaisante, qu'il la fit répéter plusieurs fois devant la compagnie qu'il avait chez lui.

Scarron aimait à lire ses ouvrages à ses amis à mesure qu'il les composait ; il appelait cela *essayer ses livres.*

Dans tous les temps on a fait beaucoup de chansons à boire : on n'en connaît qu'une seule à manger ; elle est de *Scarron.* La voici :

> Quand j'ai bien faim et que je mange,
> Et que j'ai bien de quoi choisir,
> Je ressens autant de plaisir
> Qu'en grattant ce qui me démange.
> Cher ami, tu m'y fais songer,
> Chacun fait des chansons à boire,
> Et moi, qui n'ai plus rien de bon que la
> machoire,
> Je n'en veux faire qu'à manger.

> Quand on se gorge d'un potage
> Succulent comme un consommé,
> Si notre corps en est charmé,

Notre âme l'est bien davantage :
Aussi Satan, le faux glouton,
Pour tromper la femme première,
N'alla pas lui montrer du vin ou de la bière
Mais de quoi branler le menton.

Quatre fois l'homme de courage
En un jour peut manger son saoul.
Le trop boire peut faire un fou
De la personne la plus sage.
A-t-on vidé mille tonneaux,
On n'a bu que la même chose ;
Au lieu qu'en un repas, on peut doubler la dose
De mille différents morceaux.

Quel plaisir lorsqu'avec furie,
Après le bisque et le rôti,
Un entremets bien assorti
Vient réveiller la mangerie !
Quand on dévore un bon melon,
Trouve-t-on liqueur qui le vaille ?

O cher ami Potel ! je suis pour la man-
geaille ,
Il n'est rien tel qu'être glouton.

———

De cette foule innombrable de poètes burlesques qui occupaient les presses de France au temps de *Scarron* , il est à peu près le seul à qui on ait fait l'honneur de réimprimer ses ouvrages après la mort. Il n'y a que les siens qui se soutiennent encore à présent. En voici la raison : la plaisanterie chez lui coule de source ; les autres ne sont plaisants que parce qu'ils ont envie de l'être , et on sent les efforts qu'ils font pour faire rire. *Scarron* mêle le naïf avec le bouffon : ils se contentent du dernier , et de tout ce qu'une ivresse babillarde leur présente. Il est vif et serré , et dit en peu de vers ce qu'ils étendraient en une longue kirielle de rimes. Voici pour exemple les premiers vers de son *Typhon* :

Je chante , quoique d'un gosier
Qui ne mâche point de laurier ,
Non Hector , non le brave Enée ,
Non Amphiare , ou Capanée ,
Non le vaillant fils de Thétis :
Tous ces gens-là sont trop petits ,
Et ne vont pas à la ceinture
De ceux dont j'écris l'aventure.

———

Epitaphe d'un procureur.

Ci-gît qui se plut tant à prendre ,
Et qui l'avait si bien appris ,
Qu'il aima mieux mourir que rendre
Un lavement qu'il avait pris.

———

La *suspension* est une figure de pensée,
par développement, qui consiste à tenir
longtemps en suspens ceux à qui l'on parle, et à les surprendre ensuite par quelque

chose qu'ils n'attendaient pas , ou qu'ils n'avaient pas même lieu d'attendre. Nous ne connaissons , dans notre langue , que deux exemples dans le genre plaisant , qui renferment toutes les conditions nécessaires pour amener heureusement l'application de cette figure. Le premier est une chanson bachique , et l'autre un sonnet de *Scarron*. Nous les allons citer tous deux pour instruire et amuser en même temps nos lecteurs.

Chanson bachique:

Après le malheur effroyable
Qui vient d'arriver à mes yeux ,
J'avouerai désormais , grands dieux !
   Qu'il n'est rien d'incroyable :
J'ai vu , sans mourir de douleur !
J'ai vu...(siècles futurs vous ne pourrez le
          croire !

Ah ! j'en frémis encore de dépit et d'hor-
reur !)
J'ai vu mon verre plein , et je n'ai pu le
boire !

Voici maintenant le sonnet de *Scarron* :

Superbes monuments de l'orgueil des hu-
mains ,
Pyramides, tombeaux, dont la vaine struc-
ture
A témoigné que l'art , par l'adresse des
mains
Et l'assidu travail , peut vaincre la nature.

Vieux palais ruinés , chefs-d'œuvres des
romains ,
Et les derniers efforts de leur architecture;
Colysée où, souvent, les peuples inhumains
De s'entr'assassiner se donnaient tablature,
Par l'injure des temps vous êtes abolis ,
Ou du moins la plupart vous êtes démolis :
Il n'est point de ciment que le temps ne
dissoude.

Si vos marbres si durs ont senti son pou-
                  voir,
Dois-je trouver mauvais qu'un méchant
             pourpoint noir,
Qui m'a duré deux ans , soit percé par le
               coude ?

Epitaphe.

Ici gît qui mourut lundi ,
Et qui n'était pas beaucoup sage ;
S'il eût vécu jusqu'à mardi ,
Il aurait vécu davantage.

Le burlesque de *Scarron* gît dans la
singularité des idées et des images , et
de leur joyeux assortiment. Il est encore
plus dans la qualité de la pensée que dans
le tour de l'expression , comme quand il
définit un pédant :

Animal irrassasiable ,
En été même indécrottable.

Un homme qui travaillait à un roman fit connaître à *Scarron* qu'il était en peine de trouver à son héros un dénouement neuf et surprenant. *Cela est aisé*, dit notre poète burlesque, *il n'y a qu'à le faire pendre en place publique: ce dénouement étonnera tout le monde. Vous pouvez compter qu'il est neuf, et que personne ne s'en est encore servi, que je sache.*

Scarron avait un procès avec une femme qui aimait beaucoup la chicane. Celle-ci avait juré de manger jusqu'à sa chemise en plaidant contre lui. Le poète fit courir contre la plaideuse l'épigramme suivante :

Grand nez digne d'un camouflet ,
Belle au poil de couleur d'orange ,
Mâchoire à recevoir soufflet.
Portrait de quelque mauvais ange ,
Face large d'un pied de roi ,

Gros yeux à la prunelle grise,
Tu veux donc plaider contre moi,
Jusqu'à manger ta chemise?
Ah ! si tu gardes ton serment,
Soit que je gagne ou que je perde,
Que j'aurai de contentement,
De te voir manger tant de m.... !

———

Dans l'abondance, *Scarron* dédiait ses livres à la levrette de sa sœur ; et, dans le besoin, à quelque *monseigneur* qu'il louait autant, et qu'il n'estimait pas davantage.

———

Sonnet sur la ville de Paris.

Un amas confus de maisons,
Des crottes dans toutes les rues,
Ponts, églises, palais et prisons,
Boutiques bien ou mal pourvues ;

Force gens noirs, blancs, roux, grisons,
Des prudes, des filles perdues,

Des meurtres et des trahisons,
Des gens de plume aux mains crochues.

Maint poudré (*) qui n'a point d'argent,
Maint homme qui craint le sergent,
Maint fanfaron qui toujours tremble.

Pages, laquais, voleurs de nuit,
Carosses, chevaux et grand bruit :
C'est là Paris : que vous en semble.

Une femme vint un jour demander à *Scarron* de vouloir lui faire son épitaphe. Celui-ci lui répondit qu'on ne faisait l'épitaphe que des gens morts ; mais, pressé par ses vives sollicitations et les raisons qu'elle semblât lui apporter, il feignait de se rendre à ce qu'elle désirait de lui, et

---

(*) On se servait alors de poudre d'amidon pour la coiffure.

en même temps lui allégua que, pour faire
l'épitaphe de quelqu'un, il ne devait pas
le voir : il lui enjoignit donc de se mettre
derrière la porte. La femme obéit, et aussitôt notre poète burlesque lui cria à haute
et intelligible voix :

Ci-gît derrière la porte
La femme qui n'est pas morte.

Scarron appelait son marquisat de Quinet, le revenu de ses ouvrages qui étaient
imprimés chez le libraire de ce nom.

On ne manque point de beaux esprits
qui, par l'heureux choix d'une matière
agréable par elle-même, se soutiennent
sur cet appui, et présentent au lecteur
des objets naturellement ornés par leur
propre fonds. *Scarron* n'a pas besoin de

ce choix, tout lui est bon, et la matière
la moins propre à être embellie ou égayée
est celle qui l'embarrasse le moins. Parmi
plusieurs exemples, en voici un : La goutte
lui avait estropié la main dont il écrivait ;
et son domestique, à qui il aurait pu dic-
ter, avait pris congé. Voyons quelle tour-
nure il donne à ces deux circonstances,
qui n'ont rien de fort propre à être traitées
en badinant :

De mes cinq doigts l'extrême région
De noirs démons loge une légion ;
Et le valet que je faisais écrire ,
Autre démon qu'on ne vit jamais rire ,
Et dont l'esprit indifférent et froid
Eût fait jurer un chartreux tout à droit,
Cessant enfin d'être mon domestique ,
M'a délivré d'un fou mélancolique.

Scarr.

Scarron avait-été un jour chez la comtesse de Fiesque ; il aimait les conversations où l'on s'anime , et où chacun soutient son sentiment, cela lui donnait occasion de dire mille choses très-enjouées , au lieu qu'il s'ennuyait de ces conversations où une froide complaisance ne répond que par une approbation universelle à tout ce qui se dit. La comtesse de Fiesque l'avait servi selon son humeur ; aussi prend-il occasion , dans une épître , de lui dire :

Vous *contestâtes* à merveilles ,
Au grand plaisir de mes oreilles.
On ne saurait mieux *contester* ;
Je ne le dis point pour flatter ,
Et par une fausse louange ;
Vous *contestâtes* comme un ange ,
Et je vous cède de bon cœur ,
Moi qui suis un grand *contesteur*.

La digestion est meilleure
Lorsque l'on *conteste* un quart-d'heure,
Un moment après le repas.
Je ne vous conseillerais pas
De *contester* une heure entière ;
Toutefois, selon la matière,
On peut par conversation
Passer en *contestation*
Le jour entier, mais à reprises,
Sans en venir aux mines grises :
Car *contester* en querellant,
C'est mal user d'un beau talent.

Epigramme contre une femme.

Dame Astarot, je te hais tant,
Et d'une haine enracinée,
Qu'encor que je sois mal content
De ma chienne de destinée,
Je voudrais bien vivre cent ans,
Afin de te haïr longtemps.

Autre.

Je vous ai pris pour un autre :
Dieu garde tout homme de bien
D'un esprit fait comme le vôtre,
Et d'un corps fait comme le mien.

Autre contre Henri Ganelon.

L'unique moyen qui vous reste
Pour plaire au peuple qui déteste
Et votre vie et vos forfaits ,
C'est de vous faire bientôt pendre :
Je veux bien en faire les frais,
Ne dût-on jamais me les rendre.

Épigramme contre Montmort,
fameux parasite.

Parasite de longue robe,
Ennemi de tous les savants,
Dont la médisance dérobe
L'honneur des morts et des vivants,
Animal irrassasiable,
En été même indécrottable,
D'un visage effronté, d'un regard furieux,
Pédant le plus haï qui soit dessus la terre,
Fais-toi pendre; aussi bien chacun te fait
                                    la guerre ·
Peut-être que dans l'air tu réussiras mieux.

Mais si tu refuses de suivre
Le conseil qui t'est présenté,
Et si tu te résous de vivre
En dépit du monde irrité,
Qu'à jamais tes discours coupables
Te bannissent des bonnes tables;

Qu'à jamais puisses-tu avoir du mal aux
dents ;
Que le portier partout te soit impitoyable ;
Et pour te souhaiter un mal plus effroyable,
Ne puisses-tu jamais manger qu'à tes
dépens !

———

Les infirmités de *Scarron* augmentant
journellement , il dit à un de ses amis qui
partait pour la Guyane :

« Je mourrai bientôt , si je m'afflige de
» quitter le monde , ce n'est que parce
» je laisse sans espérance et sans bien ,
» une femme que j'ai tant de raison d'es-
» timer ; je vous la recommande , ainsi
» qu'à toutes mes connaissances. Que de-
» viendra-t-elle ! »

———

Prêt de mourir , il fallut dire le dernier
adieu à sa femme ; il ne fut plus maître

de lui-même , et sa douleur éclata. Après l'avoir remerciée de tous ses bons offices, il la recommanda fortement à M. d'Elbène, son exécuteur testamentaire ; et, faisant un effort pour lui tendre la main, il ajouta :

« Souvenez-vous quelquefois de moi : » je vous laisse sans bien ; et quoique la » vertu n'en donne pas, je suis parfaite- » ment convaincu que vous serez toujours » vertueuse. »

————

Scarron rendit le dernier soupir un moment après avoir dit : *Je ne me serais jamais imaginé qu'il fût si facile de se consoler de la mort.*

————

Le testament de *Scarron*, en vers burlesques, est une des meilleures pièces fugitives de ce poète. On y trouve réunis la plaisanterie , le bouffon, la gaieté et le comique : c'est un des morceaux qu'on relit toujours avec plaisir.

TESTAMENT DE SCARRON,

en vers burlesques.

Il n'est plus temps de rimailler,
On m'a dit qu'il faut détaller ;
Moi, qui suis comme un cul de jatte,
Qui ne *remue* ni pied ni patte,
Et qui n'ai jamais fait un pas,
Il faut aller jusqu'au trépas.
Je ferai pourtant ce voyage,
Ce me semble d'un bon courage,
Car la rigueur de mon tourment
Adoucit fort mon monument :
Je ne crains les eaux du Cocite,
Pourvu que la goutte me quitte,
Et que je trouve du repos.
Mais quand je vois cette Atropos,
Et que mon mal est sans remède,

Je la trouve encor bien plus laide
Et bien plus affreuse que moi.
Dieux ! que c'est une dure loi !
Je n'y trouve rien de burlesque,
Rien de plaisant, rien de grotesque.
Si ce n'était qu'assurément
Je passerais pour un normand,
Je me dédierais bien encore
A voir la Mort qui tout dévore :
Je resterais dans mon grabat
Sans manchettes ni rabat,
A composer quelques sornettes,
Tant cette vie a d'amourettes.
Mais un médecin très-méchant
M'a dit en son funeste chant,
Comme oiseau de mauvais augure,
Qu'il fallait payer à nature
Le tribut vendredi prochain ;
Ainsi, j'ai signé de ma main
Mon testament en ce langage,
Que je vous ai laissé pour gage.

TESTAMENT.

Au nom d'Apollon , mon seigneur ,
Moi , *Scarron* , malheureux rimeur ,
Sain d'esprit , de corps bien malade ,
Près de la mortelle estrapade ,
Ne voulant mourir intestat ,
Tout ainsi comme un apostat ,
J'ai déclaré devant les muses ,
Sans dol , ni sans fard , ni sans ruses ,
Mon ordonnance en équité
De ma dernière volonté :
C'est à savoir (mot de notaire ,
Ici pourtant fort nécessaire)
Que je dispose de mes biens ,
Non en faveur des enfants miens ,
Car ce m'est bien de la disgrace
De ne laisser point de ma race ,
Mais en faveur de mes amis ,
De ce peu que le ciel a mis
Légalement sous ma puissance ;

J'en fais ici reconnaissance,
C'est-à-dire différents dons,
Selon que je les ai cru bons :
Premièrement, je donne et lègue
A ma femme, qui n'est pas bègue,
Pouvoir de se remarier,
Sans aucun dessein pallier,
De crainte d'un plus grand désordre :
Mais pour moi je crois que cet ordre
De ma dernière volonté
Sera le mieux exécuté ;
Car il est vrai, malgré moi-même,
Je lui ai fait faire un carême
Qui la doit mettre en appétit :
Qu'elle en use donc un petit,
Et que sa sage politique
N'use pas du paralytique,
Mais qu'elle jouisse des biens
Que permettent les sacrés liens.
Mais, si quelque autre époux l'approche,
Qu'elle ne lui fasse point reproche

Des vertus du premier mari
Pour rendre le second marri.
Du reste, selon la coutume,
Si Dieu m'envoyait un posthume
Quelque temps après mon trépas,
Ce que pourtant je ne crois pas,
Soit à neveux, soit à nièces,
Lors je révoque mes largesses.
Item, à mon ami Loret
Je donne un muid de vin clairet,
Qui m'a cent fois sauvé la vie,
Pour boire à sa première envie,
Se souvenir du bon Scarron
En faisant rôtir le marron ;
Ma pie qui des mieux caquette,
Aussi pour joindre à sa gazette.
Item, par libéralité,
Cinq cents livres de gravité
A l'un et à l'autre Corneille,
Pendant qu'ils chanteront merveille ;
Et mon jardin sur l'Hélicon,

Qui rapporte un fruit bel et bon,
Semé des plus belles pensées
Que Phébus ait jamais tracées.
Item, au sieur de Bois Robert,
Que l'on ne prend jamais sans vert,
Cent livres de galanteries
Et quatre cents de menteries,
Et des secrets prodigieux
Que notre art produit en tous lieux,
Comme par les eaux de Jouvence
Remettre les vieux en enfance,
Donner une vive beauté
A l'affreuse difformité,
Faire un louvre d'une cabane,
D'une coureuse une Suzane,
D'un folâtre en faire un Caton,
Et d'un gros âne un Cicéron;
Quelque chose de plus encore,
Peser le vent, blanchir un maure;
D'une farce en faire un sermon,
Et canoniser un démon;

Prédire les choses futures,
Grossir ou moindrir les figures,
Faire un nouveau calendrier,
Et d'une buse un épervier ;
Faire un libéral d'un avare,
Comme d'un sot un homme rare,
Un Alexandre d'un poltron,
Et d'un petit nain un Typhon.
Item, au sieur de Benserade
Quatre cents livres de pommade,
Avec quatorze quintaux
De sonnets et de madrigaux,
Et la plus belle mélodie
Qu'ait jamais inventée Thalie ;
Epigrammes, odes, ballets,
Epithalames, triolets.
A Molière le cocuage ;
Au gros Saint-Amand du fromage
A prendre sur le Milanais,
Le Parmésan, ou Modénais ;
Et, pour sa *Rome ridicule*,

Une très-favorable bulle.
Item , je lègue au sieur Quinault,
Sur le trésorier Guenégault ,
Six cents livres d'enthousiasme ,
Avec la doctrine d'Erasme ;
La fierté des vers ampoulés
Dans des actes bien enrôlés.
Et comme un esprit charitable
Doit assister un misérable ,
Je donne au poète crotté
Deux cents livres de vanité ;
Pour contenter sa passion ,
Une feinte approbation
De ses plus ridicules œuvres ;
Car il avale des couleuvres
Autant qu'on lui reprend de vers ,
Tant il a l'esprit à l'envers.
Mais je ne fais qu'un don funeste
A cette épouvantable peste ,
Au satirique hors de propos ,
Et perturbateur du repos ,

Empoisonneur d'eau d'Hippocrène,
Je donne et lègue la gangrène,
La fièvre quarte, le haut mal,
Le farcin même du cheval,
Et, comme à moi, gouttes bien rudes,
Qui tourmentent les fous et prudes.
Ma chaise et mon infect bassin
Au fort ignorant médecin ;
Avecque tous les maux encore
De cette boîte de Pandore,
D'un jaloux le fâcheux tourment
Qui le ronge éternellement.

CODICILLE.

Mais pour n'user point d'apostille,
Pour beaucoup que j'avais omis,
Je fais ici mon codicille
Pour mes plus confidents amis.

Ce sont ceux de l'académie,
Où brillent les esprits du temps,

Dont ma muse était tant amie :
Je veux tous les rendre contents :

Autant poètes qu'orateurs ,
Je donne quantité d'éloges ,
A ces illustres correcteurs ,
Sans qui nous serions allobroges.

Je donne un fort bel équipage
A Cottin, Testen, Belesdans ,
Pour bien corriger le langage
De nos ancêtres ignorans ;

La netteté, la politesse ,
Pour retrancher le superflu ,
Eviter la molle bassesse
Dedans un style résolu.

Pour corriger la comédie
Et toute autre manière d'écrits ,
Je donne l'encyclopédie
A ces admirables esprits.

Scarr.   5

Pour Pélisson n'est guère en peine
D'être en mon testament écrit ;
Il a fait comme Madeleine :
Optimam partem elegit.

Ainsi je ne fais nul outrage :
Je donne à tous, selon la loi ;
Mais pour achever mon oúvrage,
Et sous le bon plaisir du roi,

Je mets librement mon paraphe
Pour recevoir mes pensions
De qui joindra mon épitaphe
A mes dernières actions.

Epitaphe de Scarron.

Celui qu'ici maintenant dort
Fit plus de pitié que d'envie,
Et souffrit mille foi[s] la mort
Avant que de perdre la vie.

Passant, ne fais ici de bruit,
Garde bien que tu ne l'éveilles ;
Car voici la première nuit
Que le pauvre *Scarron* sommeille.

---

*Vers faits pour être mis au bas du portrait
de Scarron.*

Toi qui vois en cette peinture
Un plus bel esprit que Caton,
Sous le portrait d'un avorton,
Sache, lecteur, que la nature
Mit son pouvoir et son crédit
Pour rendre parfait cet esprit.
Si bien que, dans ce grand génie,
Ayant épuisé ses trésors,
Sa puissance se vit finie,
Sans pouvoir achever le corps.

Si *Scarron* réussissait dans les impréca-
tions burlesques, il n'avait pas moins de
succès en disant des invectives. Nous rap-
porterons un seul exemple de son incroyable facilité à injurier quelqu'un. C'est son
invective contre *une vieille dame campa-
gnarde* :

Monstre fâcheux ! monstre mutin !
Moitié chair et moitié patin !
Qui, de mes vers, te scandalises,
Par les cheveux gris que tu frises,
Par ton front étroit et serré,
De maintes rides chamarré,
Par les yeux, et par leurs lunettes,
Par tes oreilles si mal nettes,
Par les paupières et soucis,
Où logent des poux plus de six,
Par les grimaces et les moues,
Par les boules de tes deux joues,
Par ton nez, vrai nez de blaireau,

Par sa loupe , par son poireau ,
Par la très-précieuse goutte
Qui, toute l'année en dégoûte,
Par les dents qui tiennent bien peu ,
Par la bouche au coloris bleu,
Par toute ta très-maigre face
Qui, sans cesse, au miroir grimace,
Et par tout ton chef si bouffon ,
Qui n'a pour coiffe qu'un chiffon,
Par ton vieux masque qui nous cache
Ton triste visage de vache,
Par la barbe de ton menton,
Par le grand bout de ton teton,
Par ta gorge trop découverte,
Par ton ventre de couleur verte,
Par la crotte de ton genouil,
Par ta botte à garder fenouil,
Par le gousset de ton aisselle,
Par ton corps qui souvent chancelle;
Bref, par tous les sales dehors
De ce désagréable corps ;

Car pour le dedans, pour ton âme,
Tu n'en as point, la bonne dame :
Je te conjure que ton fils,
Importun, si jamais en fis,
Ne me rende aucune visite,
Tant puisse-t-elle être petite ;
Et que toi, ton époux aussi,
Veuillez bien en user ainsi.
Certes, vous êtes trois personnes
Qui n'êtes ni belles, ni bonnes.
Ton époux a le nez paté,
Des autres nez très-redouté.
Ton fils à la face canine
A quelque éminence à l'échine.
Et toi, dame au poil de souris,
Qui te piques de doux souris,
Ton visage est le vrai modèle
De celui de Polichinelle.
Ton époux est un protestant,
Ainsi que toi toujours mentant.
Ton fils, railleur à toute outrance,

Contestant s'il en est en France,
Contestant à faire enrager,
Fût-il esclave dans Alger !
Et son père qui fait le sage,
Qui conteste encor davantage ;
Et toi qui contestes plus qu'eux,
Et seule tiens tête à tous deux.

———

Nous avons donné la chanson à manger de *Scarron*, nos lecteurs nous sauront peut-être gré de leur faire connaître une chanson à boire, où le poète original développe toute sa verve et toute sa gaieté.

Chanson à boire.

Que de biens sur la table
Où nous allons manger !
O le vin délectable
Dont on nous va gorger !

Sobres, loin d'ici ! loin d'ici buveurs d'eau
bouillie !
Si vous y venez, vous nous ferez faire folie.
Que je sois fourbu, châtré, tondu, bègue-
cornu,
Que je sois perclus alors que je ne boirai
plus.

Montrons notre ouvrage,

Buvons jusques au cou,

Que de nous le plus sage

Se montre le plus fou ;

Vous qui les oisons imitez en votre breu-
vage,
Puissiez-vous aussi leur ressembler par le
visage,
Que je sois fourbu, châtré, tondu, bègue-
cornu,
Que je sois perclus alors que je ne boirai
plus.

Et d'estoc et de taille

Parlons comme des fous,

Qu'un chacun crie et braille,

Hurlons comme des loups,

Jetons nos chapeaux, et nous coiffons de
nos serviettes,
Et tambourinons de nos couteaux sur nos
assiettes.
Que je sois fourbu, châtré, tondu, bègue-
cornu,
Que je sois perclus alors que je ne boirai
plus.

Que le vin nous envoie

D'agréables fureurs !

C'est dans lui que l'on noie

Les plus grandes douleurs.

O Dieu qu'il est bon ! prenons-en par-des-
sus la tête,
Aussi bien chez nous vomir est chose fort
honnête.
Que je sois fourbu, châtré, tondu, bègue-
cornu,
Que je sois perclus alors que je ne boirai
plus.

Hâtons-nous de bien boire

Devant qu'il soit plus tard ;

Et chantons à la gloire

Du seigneur de Cinqmars,
Il est beau, vaillant, courtois, prend plai-
sir à dépendre ;
Tel fut autrefois défunt monseigneur
Alexandre.
Que je sois fourbu, châtré, tondu, bègue-
cornu,
Que je sois perclus alors que je ne boirai
plus.

———

L'Enéide travestie n'est autre chose qu'une mascarade, comme *Scarron* le dit lui-même ; et cette mascarade n'est pas aussi grotesque qu'on le pense communé-ment : ce sont des dieux et des héros dé-guisés en bourgeois de Paris ; mais tous avec leur propre caractère, dont notre poëte a saisi le côté ridicule, avec beau-coup de justesse et d'esprit : c'est ainsi que de Jupiter il a fait un bonhomme ; de Junon, une commère acariâtre ; de Vé-nus, une mère complaisante et facile ;

d'Enée, un dévot larmoyant, un peu timide et un peu niais ; de Didon, une veuve ennuyée de l'être ; d'Anchise, un vieux bavard ; de Calchas, un vieux fourbe ; de la Sibylle, une devineresse, *une diseuse de logogriphes* ; et de l'Oracle d'Apollon, *un faiseur de rébus picards*. Quant au personnage qu'il a pris lui-même, c'est celui d'un conteur naïf et ignorant, qui confond les temps et les mœurs, et qui fait parler tout son monde comme on parle dans son quartier. Tel est ce genre de comique ; et si l'on veut en avoir une idée plus juste, on peut le voir dans cette réponse de Jupiter aux plaintes de Vénus :

Ce dieu donc, des dieux le plus sage,
Se radoucissant le visage,
Et, la prenant sous le menton,
Lui dit : Bon dieu ! que dirait-on
Si l'on vous voyait ainsi faire ?

N'avez-vous point honte de braire
Ainsi que la mère d'un veau ?
Ah ! vraiment, cela n'est pas beau.
Ne pleurez plus, la Cythérée,
Et tenez pour chose assurée
Tout ce qu'a prédit le Destin
D'Enée et du pays latin.

Ce comique, qui naît du contraste du langage et de la personne, a souvent, il faut l'avouer, le défaut d'être grossier et bas ; mais quelquefois il a plus de finesse, par exemple dans ce dialogue de Vénus avec son fils Enée, après qu'il lui a dit :

Vous sentez la dame divine :
J'en jurerais sur votre mine.

Quel est l'homme de goût qui ne sourirait point en voyant Vénus faire l'Agnès, et le héros troyen transformé en Nicaise ?

Je ne suis pas , en vérité ,
D'une si haute qualité ,
Dit Vénus , mais votre servante.
Ah ! vous êtes trop obligeante ,
Ce dit-il , et j'en suis confus.
Et moi , si jamais je le fus ,
Ce dit-elle. Et lui de sourire !
Disant : Cela vous plaît à dire ;
Puis sa tête désafubla ,
Ses deux jarrets elle doubla
Pour lui faire la révérence.
Il fit une circonférence
Du pied gauche à l'entour du droit ,
Et cela d'un air tant adroit ,
Ce pauvre fugitif de Troie !
Que sa mère en pleura de joie.

La première entrevue d'Enéo avec Didon est du même tour de plaisanterie :

La reine , donc , fut étonnée

De l'apparition d'Énée,
Et lui dit, parlant un peu gras,
L'ayant pris par le bout du bras
(C'est par la main que je veux dire :)
Comment vous portez-vous, beau sire ?
Moi ? lui dit-il, je n'en sais rien :
Si vous êtes bien, je suis bien ;
Et j'ai pour le moins la migraine,
S'il faut que vous soyez malsaine.
Vous vous portez bien, dieu merci !
Je me porte donc bien aussi.

Il décrit ainsi le Tartare :

Phlégéton, un fleuve de soufre,
Court à l'entour, creux comme un goufre ;
Et roule à grand bruit du brasier,
Au lieu de sable ou de gravier.
Une tour qui flanque la porte
Si haute, ou le diable m'emporte,
Qu'elle atteint au plancher d'enfer,

Est toute d'airain et de fer.
Tisiphone en est la portière,
Carogne aussi superbe et fière
Que le portier d'un favori ;
La vilaine n'a jamais ri....
Ænéas eut l'âme frappée
Du bruit de la troupe étonnée....
Le grand et petit Châtelet
N'ont rien de funeste et de laid
Auprès de ce château terrible ,
Aux gens de bien inaccessible.
Rhadamanthe, effroyable à voir ,
En soutane de bougran noir ,
Sur un siège de fer préside ;
Onc ne fut juge plus rigide ;
Les commissaires d'aujourd'hui
Sont des moutons auprès de lui ;
Quoiqu'en matières criminelles
Nous ayons de doctes cervelles.
Ce juge criminel d'enfer ,
Vrai cœur de bronze ou bien de fer,

En veut surtout aux chatemites,
Aux faux béats, aux hypocrites;
Quand il en attrape quelqu'un,
De leur chair il fait du petun; (*)
Et ce petun le déconstipe,
N'en eût-il fumé qu'une pipe.

En un mot, *Scarron* voyait tout avec ses yeux, il écrivait avec son caractère; et comme aucun de ses imitateurs n'a eu cette humeur enjouée et bouffonne, aucun d'eux n'a eu son talent : il est unique dans son genre.

____

(*) *Petun*, tabac à fumer.

FIN

DU SCARRONIANA.

www.ingramcontent.com/pod-product-compliance
Ingram Content Group UK Ltd.
Pitfield, Milton Keynes, MK11 3LW, UK
UKHW020934120726
13693UKWH00003B/1327